LE BILAN DES LIGUES

CONFÉRENCE

FAITE PAR

M. BOUGLÉ

PROFESSEUR DE PHILOSOPHIE SOCIALE A L'UNIVERSITÉ DE TOULOUSE

Le 3 avril 1903

BORDEAUX

IMPRIMERIE G. GOUNOUILHOU

9-11, RUE GUIRAUDE, 9-11

1903

LE BILAN DES LIGUES

Mesdames, Messieurs,

Dans une réunion comme celle de ce soir, une sorte d'examen de conscience collectif s'impose. Chacun se demande à part soi : Que devient notre Ligue? Qu'a-t-elle fait jusqu'ici et que va-t-elle faire encore? Quelle est son œuvre propre et sa raison d'être? C'est à ces questions que je voudrais chercher avec vous une réponse.

La réponse est toute prête, diront nos adversaires. Votre Ligue n'a été créée et mise au monde que pour le salut d'un homme, d'un misérable juif. Maintenant, on vous l'a rendu. Il n'est plus à l'île du Diable, mais au sein de sa famille. Que vous faut-il de plus? Votre tâche est finie. Disparaissez donc de la scène. Retournez en poussière. Rentrez dans le néant.

A quoi nous pourrions riposter d'abord : Patience! Cette tâche même, à laquelle vous prétendez nous réduire, n'est pas finie encore. L'innocent est gracié, il n'est pas légalement réhabilité. Tant que nous n'aurons pas, comme le disait hier Anatole France, conformé la loi à la vérité, et fait disparaître, entre la chose juste et la chose jugée, cette intolérable discordance, nous ne serons pas tranquilles. *(Applaudissements.)* Dussiez-vous grincer des dents et rouler des yeux furibonds, nous considérerons comme de notre droit, comme de notre devoir de crier la vérité sur tous les toits...

Mais, je me hâte de l'ajouter, répéter que nous bornons

là notre tâche, c'est ressasser une vieille calomnie. Dès les premiers jours nous avons protesté qu'en prenant parti dans « l'Affaire », nous prenions les intérêts, non d'un seul accusé, mais des accusés. Aujourd'hui, après cinq années de travail, nous avons autre chose à déployer que des promesses. Les faits, les résultats obtenus parlent pour nous. Votre secrétaire vous rappellera tout à l'heure les démarches grâce auxquelles votre section a pu reconquérir, pour un forçat innocent, la liberté et l'honneur. Mais vous savez qu'ils sont nombreux déjà ceux que nous avons pu ainsi arracher à l'étreinte de l'injustice déguisée en justice. Si vous lisez ces *Bulletins* que rédige l'infatigable Morhardt, — modestes bulletins de victoires pacifiques, — vous verrez qu'il ne se passe pas de mois sans que votre Comité central obtienne quelque réparation, réhabilitation ou atténuation. Il est donc faux que nous n'ayons travaillé que pour l'honneur d'un seul; il est faux que l'« Affaire » ait été l'alpha et l'oméga de notre effort; il est faux qu'après avoir sauvé Dreyfus, nous ayons tiré l'échelle. Non : par le même chemin, derrière le premier innocent, d'autres déjà sont remontés au jour. Leurs boucles brisées font déjà, à la porte de notre Ligue, un monceau assez glorieux. Il prouve assez clairement, à qui n'est pas volontairement aveugle, qu'elle s'est donné pour mission de dénoncer, non une seule erreur judiciaire, mais l'erreur judiciaire sous toutes ses formes, quel qu'en soit l'auteur et quelle qu'en soit la victime. *(Applaudissements.)*

Mais notre ambition a été plus vaste encore. Nous avons voulu sauver non des hommes seulement, mais des idées. Force nous était donc d'adjoindre à notre action judiciaire une action plus générale, et de nous mêler à la vie politique.

Sur ce terrain élargi quelle a été notre œuvre? Il est facile de la résumer d'un mot. Car, sitôt descendus dans l'arène, un lutteur masqué, gesticulant et hurlant, s'est attaché à nous. Et il a fallu le terrasser d'abord. Et c'est ainsi que nous avons dû, pendant ces cinq années, concentrer tous nos efforts contre le nationalisme. « Le nationalisme, voilà l'ennemi. » C'est à ce cri que nous avons rallié les républicains; c'est à ce cri que nous avons mené un combat acharné.

Avons-nous bien fait de dépenser ainsi nos forces, et ferons-nous bien de les dépenser encore contre ce même ennemi? En valait-il, en vaut-il la peine?

Pour le savoir, il faut relire l'histoire — qui s'oublie si vite — de ces dernière années. Il faut dégager de ses journaux et de ses livres les idées directrices et les habitudes maîtresses du nationalisme. Il faut passer en revue les théories et les pratiques qu'il essayait, pour sa part, d'acclimater dans notre pays. Il faut dresser le bilan des ligues nationalistes. Ce sera dresser, par une méthode indirecte qui est ici la plus simple, le bilan de la nôtre, et déterminer par les faits à quoi elle a servi, à quoi elle peut encore servir.

Quelle est donc, d'abord, la doctrine du nationalisme?

Il y a, comme l'on sait, des nationalistes qui revendiquent volontiers pour leur parti le privilège d'être un parti à doctrine. Le mot revient souvent dans leurs discours. Pour restaurer la chose publique, disait l'*Action française*, il nous faut une doctrine. Maurice Barrès en devait être le prophète. Dans son livre, où il raille dédaigneusement la philosophie médiocre de ses adversaires — « bagage pour Comices agricoles, orphéon démodé » — il ne prétend pas seulement décrire les *scènes*, mais définir les *doctrines* du nationalisme.

Malheureusement, ce sont doctrines qui répugnent à la définition. Sitôt qu'on l'approche, on s'aperçoit que la philosophie nationaliste s'enveloppe volontiers d'ombre et de mystère. Son premier trait, c'est la défiance à l'égard des idées claires et distinctes, et une sorte d'horreur mystique de la raison. *(Rires et applaudissements.)* Elle reproche aux intellectuels d'abuser de la logique. Elle se dérobe à la discussion par un appel aux « instincts sous-jacents ». Ils dorment dans les profondeurs sacrées de l'inconscient. Gardons-nous d'y porter la lumière : ce serait imprudent et comme impie...

Avec une pareille méthode, il n'est pas étonnant que les nationalistes laissent dans le vague ce qu'ils prétendent ajouter au patriotisme. Leur spécialité est de porter et d'entretenir le sentiment patriotique à l'état d'ébullition. Il se dégage de là beaucoup de vapeur, sans doute, mais peu de clarté. Le résultat qu'on nous promet de l'opération, c'est de l'extrait triple, de la quintessence et comme de l'alcool de patriotisme. *(Bravo! rires, applaudissements.)* De l'alcool, à coup sûr, et plus propre à provoquer des gestes désordonnés que des démarches raisonnées... Et, en effet, il faut, suivant les nationalistes, raisonner le moins possible. Le patriotisme est et doit rester, sous peine de mort, « irraisonné, » « irrationnel, » « anticritique. » Raisonner, ce serait déjà admettre la critique et le choix. Or, nous ne voulons pas choisir. La patrie est un bloc. Nous entendons n'exclure aucune des traditions de notre passé national ni \aucun des instincts de nos âmes françaises, dans lesquels ces traditions se sont comme incarnées par une longue hérédité. Nous aspirons, dit M. Barrès, « à nous confondre avec toutes les heures de l'histoire de France, à vivre avec tous ses morts, à ne nous mettre en·dehors d'aucune de ses expériences. » Aimer toute notre patrie avec toute notre âme, voilà notre programme.

Et l'on comprend bien que ce programme est, suivant la formule de M. J. Lemaître, « généreux et ample, capable d'émouvoir l'imagination et le cœur du peuple, et très propre à servir de ralliement et de drapeau. » Mais l'on s'aperçoit vite aussi combien il est malaisé de s'y tenir. Avec de pareils appels, on peut bien rassembler un moment les gens, non les orienter dans l'action. Car, n'en déplaise au fatalisme nationaliste : agir, c'est choisir. Pour une nation, comme pour un individu, la vie est un choix incessamment renouvelé. Penchera-t-on à droite ou à gauche? vers l'Orient ou vers l'Occident? Pour ces décisions nécessaires, la doctrine nationaliste, telle qu'elle vient de se définir — ou plutôt telle qu'elle a refusé de se définir, est un guide manifestement insuffisant. En vain attendons-nous l'oracle du puits intérieur. Les morts qui parlent en nous y parlent plus d'un langage. Sur la terre natale plusieurs traditions ont passé. Dans notre âme française plusieurs instincts coexistent. A moins de nous immobiliser dans un quiétisme absolu, il faudra bien critiquer, il faudra bien choisir...

En fait, du moment où il a agi, le nationalisme a choisi. Il a servi et il a utilisé de préférence certains instincts spéciaux, certaines traditions déterminées. Et c'est pourquoi, si nous voulons le connaître enfin tel qu'il est, déchirant ce voile de mystère dont il trouve commode de s'envelopper, ce sont ces traditions et ces instincts qu'il nous faut traîner en pleine lumière.

Et c'est d'abord — à tout seigneur tout honneur — l'instinct antisémite. Il a été, dès la première heure, et il est encore à l'heure actuelle, le bras droit du nationalisme.

Et sans doute les grands parrains intellectuels du nationalisme, les académiciens de la *Patrie française* n'étaient pas sans trouver l'alliance un peu compromettante! M. Brunetière pouvait-il décemment enfourcher cette idée de race contre laquelle il avait si énergiquement bataillé? Il se contentera d'indiquer que le nombre des israélites occupant de hautes situations en France dépasse la proportion normale, légitime, convenable. Conception singulière, qui aboutirait à classer les citoyens français d'après leur race et leur religion, et à assigner d'avance le tant pour cent de hautes situations auxquelles chaque religion ou chaque race aurait droit... M. Lemaître, de son côté, dans le beau discours par lequel il inaugurait la *Ligue de la Patrie française*, protestait qu'il ne saurait jeter l'anathème à une race qui a donné Spinosa à l'humanité. Mais, dès ce moment, c'étaient les cris : « A bas les juifs! Mort aux juifs! » qui lui répondaient. Ce sont ces cris qui scanderont tous ses discours en province. En dépit de ses délicatesses, c'est sur les épaules de l'antisémitisme qu'il s'est laissé porter. Aussi bien les autres intellectuels notoires du nationalisme font-ils moins de manières. Ils n'y vont pas par quatre chemins. Ils adhèrent à l'antisémitisme en toute tranquillité de conscience. A la suite du savant dont M. Barrès célébrait lyriquement la conversion au nationalisme, de Jules Soury, ils adoptent volontiers la philosophie de l'histoire assez simp'e que l'on connaît : la nation française est malade parce que la race sémite s'est abattue sur elle; débarrassons-nous des juifs, et tout ira pour le mieux dans le plus pur des pays.

On a essayé, vous le savez, de donner une couleur scientifique à ce sentiment antisémite. Drumont disait volontiers : « Nous autres sociologues... Mon prédécesseur Taine... » Et il semblait que la science qui cherche dans leur composition ethnique les raisons de la destinée des peuples, que l'anthroposociologie vînt à point pour confirmer sa théorie. Mais, vous le savez aussi, l'illusion a peu duré. A mesure que la sociologie proprement dite s'est développée, l'idée de race a dû battre en retraite. On a compris que si l'on peut expliquer la destinée des peuples, c'est bien plutôt par leur organisation sociale que par leur composition ethnique. On a rappelé que la nation française n'est pas une race, mais un amalgame de races diverses, et qu'aucun fait ne démontre la race juive incapable de s'assimiler à la nation française. On a prouvé enfin de vingt façons que l'antisémitisme n'avait de scientifique que le masque, qu'il exploitait des théories abandonnées par la science, qu'il vivait sur des cadavres. *(Très bien.)*

Avec ses appels aux sentiments intimes et aux instincts profonds, la doctrine nationaliste arrivait à propos pour renforcer l'antisémitisme ébranlé. Si vous avez causé avec des antisémites, vous avez remarqué la nature de leur argument de réserve. Lorsque vous avez méthodiquement réfuté leurs raisons et prouvé, les faits en main, qu'il y a des juifs prolétaires, et des juifs loyaux, et des juifs courageux, ils vous répondent, en levant les bras au ciel : « C'est vrai. Tout cela est possible. Mais que voulez-vous? c'est plus fort que moi : je ne peux pas sentir ces gens-là. » C'est ce que Gyp exprimait d'une façon concise et élégante en réponse à une interview qui cherchait les raisons dernières de l'antisémitisme : « Affaire de peau. » Or, devant un instinct sous-jacent aussi fortement enraciné dans les âmes et dans les organismes mêmes, comment le nationalisme ne s'inclinerait-il pas? Il se trouve là en présence d'un de ces sentiments « plus forts que nous », qui nous mènent et doivent nous mener. Je *sens* que ces gens-là ne peuvent être de bons Français, et quiconque ne *sent* pas comme moi n'est pas un bon Français. Il n'y a rien à répondre à cette argumentation. *(Rires.)* Et le nationalisme n'y trouvera rien à reprendre. Ne fait-il pas appel aux plus profondes, aux plus irraisonnées, aux plus naturelles des impressions? Bien loin de s'étonner qu'on se laisse guider par elles, M. Soury se plaindra qu'on n'en use pas assez. Il se plaindra de ce qu'il appelle « l'anesthésie ethnique » de ses contemporains, incapables, pour la plupart, de reconnaître ceux de leur race à l'odeur; « inférieurs en cela. dit-il, à leurs chiens et à leurs chevaux, qui discernent avec un si sûr instinct les diverses races de leur espèce. » *(Rires et applaudissements.)* Par où nous voyons jusqu'où l'on descend, quand on se laisse emporter par cette défiance de la raison qui caractérise le nationalisme. Contre les droits de l'humanité raisonnable, ceux qu'il fait valoir ici avec tant de vigueur, ce sont tout simplement les droits de la nature animale.

A quelles pratiques on aboutit lorsqu'on s'abandonne à cette pente, nous le savons de reste. Prêcher le respect et comme le culte des antipathies instinctives, c'est risquer de réveiller, en effet, l'animal dans l'homme et de restaurer le règne des impulsions brutales. Les Trublions, disait A. France, raniment tout ce qu'on croyait éteint chez l'homme civilisé et méditatif. Le vieux fond de barbarie et de férocité, ils le font remonter à la surface. Et ainsi avons-nous vu que les principales « scènes » du nationalisme furent des scènes de sauvagerie. Combien de fois le mot de Zola ne nous est-il pas revenu aux lèvres : « Ce sont des cannibales. » Rappelons-nous seulement la courageuse campagne de conférences menée au début par Pressensé — l'un des plus faibles peut-être d'entre nous par le corps, mais l'un des plus forts par l'intelligence et par le cœur. *(Applaudissements répétés.)* A Avignon, les organisateurs des bandes nationalistes le désignaient ainsi à leurs coups : « Sur la tête blanche! Frappez sur la tête blanche! A Toulouse, à la sortie du Pré-Catelan, il lui fallut passer entre deux files de forcenés dont les matraques s'abattaient sur lui. Partout où ils ont pu, les nationalistes ont substitué ainsi le hurlement à l'argument, et le coup à la parole. Et que leurs actions ne fussent rien encore auprès des intentions dont leur cœur est pavé, il est aisé de s'en rendre compte. Qu'on relise seulement ces « listes rouges », où les souscriptions destinées à glorifier Henry sont accompagnées de devises significatives : « De l'or aujourd'hui, du fer demain! — Un groupe d'officiers qui attend impatiemment l'ordre d'essayer sur les 100,000 juifs qui empoisonnent le pays les nouveaux explosifs et les nouveaux canons. — Un prêtre infirme qui voudrait manier l'épée aussi bien que le goupillon. » *(Profonde sensation, applaudissements.)* Eugène Fournière nous invite avec raison, dans son livre sur *l'artifice nationaliste*, à ne pas oublier ces documents de psychologie morbide. Ils nous rappellent que depuis longtemps on n'avait vu s'abattre sur la douce France une tempête de bestialité aussi violente. C'est à cela que le nationalisme devait aboutir, en déchaînant les instincts furieux que l'outre antisémite porte dans ses flancs.

Mais le nationalisme ne se vante pas seulement de surexciter des instincts; il se préoccupe de ressusciter des traditions. Quelles sont donc celles qu'il ira cher-

cher de préférence dans notre histoire, pour les faire
passer au premier plan?

Il en est une, d'abord, à l'égard de laquelle les nationalistes éprouvent une antipathie manifeste; c'est précisément celle qui est à nos yeux comme le centre de
notre évolution nationale, le point d'aboutissement de
notre passé, le point de départ de notre avenir : c'est
la tradition de la Révolution française. Les principes
de 89 gênent ces nouveaux « patriotes ». Ils voudraient
les rayer de nos papiers. Et tantôt ils consentent à reconnaître que ces principes sont l'expression du tem-
pérament français : ils ajoutent alors que ce tempéra-
ment nous a égarés; la tradition de 89 devient, à leurs
yeux, ce que M. Bourget appelle « l'erreur française »
par excellence. Plus souvent, se rappelant que leur doctrine leur commande de retenir toutes les traditions na-
tionales, ils s'acharnent à démontrer qu'il n'y a point,
parmi elles, de place pour l'idée des droits de l'homme.
Il faut qu'elle soit venue du dehors : c'est dans notre
organisme un corps étranger. Et ainsi, continuant de
s'appuyer fraternellement à l'antisémitisme, le nationalisme fait cette découverte admirable : Les principes de
89 sont l'œuvre d'Israël *(oh! oh!)*; ils reproduisent les
lointaines revendications de ses prophètes et favori-
sent les machinations actuelles de ses banquiers; ils sont
les instruments de son règne. C'est ce que M. Soury
exprime en son langage scientifique, en s'étonnant que
les Français ne se soient pas encore aperçus « du nez
de tapir de l'ignoble juive qui, sur les nouveaux timbres-
poste *(rires et applaudissements)*, en son giron obscène,
porte les Tables de la Loi, je veux dire la Déclaration
des Droits de l'homme ». D'une manière moins brutale,
M. Goyau développe un thème analogue lorsqu'il expli-
que le renouveau de notre tradition révolutionnaire par
un retour offensif du « messianisme juif ». Et c'est ainsi
que, lorsque vous réclamerez plus de liberté et plus
d'égalité pour les hommes, le nationaliste aura vite fait
de vous fermer la bouche. « Traditions judaïques! » Cela

dit tout et le dispense d'argumenter plus longuement.

Quelles sont donc, en face de ces traditions judaïques, les vraies, les pures traditions françaises? « Les traditions autoritaires, » répondra M. Syveton, seules en harmonie avec la complexion propre de mon pays. Un autre universitaire, M. Vaugeois, secrétaire de l'*Action française*, est plus explicite encore. Il déclare qu'il est moralement obligé de sortir de l'Université, qu'il ne peut plus servir la République, car la République veut la légalité, « et moi je n'en veux plus. » Combien de fois les nationalistes n'ont-ils pas ainsi, plus ou moins nettement, manifesté leurs préférences pour le césarisme! Rappelez-vous quel « professeur d'énergie » leurs littérateurs se sont découvert, et comment on les a vus s'évertuer à chausser les bottes du conquérant. Quant au neveu, à l'homme de décembre, s'ils n'ont pas osé tout de même l'encenser à découvert, du moins ont-ils fait tout leur possible pour rabaisser ceux qui se sont dressés contre son crime, les exilés volontaires, les protestataires irréductibles. Vous vous rappelez de quels ricanements leur presse a accueilli les manifestations républicaines en l'honneur de Hugo ou de Quinet. Exagérations de rhéteur! Obstinations de pasteur protestant! C'est ainsi qu'ils expliquent l'attitude farouche de ces deux grands vengeurs du droit. *(Très bien!)* Il leur manquait, ajoutent-ils, le sens des réalités politiques, des vrais besoins nationaux. De même que le 18 brumaire fut, suivant F. Coppée, un « heureux attentat », ou plutôt un « événement providentiel », de même le coup d'Etat du 2 décembre ne fut, suivant M. de Vogüé, qu'une « opération de police un peu rude ». Des opérations pareilles, il en faut de temps à autre, au moins en France. Car le peuple de France n'est qu'une femme nerveuse. Qu'on lui donne du panache, et au besoin du bâton! *(Rires.)* Qu'on lui impose une volonté, mais qu'on ne cherche pas à obéir à la sienne! Car il est foncièrement incapable d'autonomie. Telle est l'idée méprisante que les nationalistes se font de la nation.

Mais comment, direz-vous, accorder avec cette idée le programme plébiscitaire auquel nombre de nationalistes se sont ralliés? C'est au nom de la volonté du peuple méconnue que les nationalistes plébiscitaires ont mené la campagne contre le régime parlementaire; ils réclament un régime qui permette à la souveraineté populaire de s'exercer plus directement. Messieurs, il ne nous appartient pas de défendre contre toutes les critiques le régime parlementaire, tel du moins qu'il est pratiqué aujourd'hui. Ce que vaut l'aune de sa moralité moyenne, nous sommes payés pour le savoir. Mais je me hâte d'ajouter que les attaques des nationalistes nous le feraient presque aimer. Nous voyons trop, disait encore A. France, qu'ils pensent à remplacer les parlementaires par des patrouilles de cavalerie, et que la liberté n'y gagnerait rien. Il importe, en effet, de n'être pas dupes des déclarations démocratiques de nos plébiscitaires. Un régime démocratique rationnellement organisé est celui qui multiplie les institutions destinées à permettre au peuple de peser mûrement ses décisions, de contrôler fréquemment ses délégués, de réfléchir et au besoin de se ressaisir. Un régime plébiscitaire simplifie, au contraire, les institutions pour permettre au peuple de passer la main, et peut-être, dans une heure de folie, de se lier les mains pour longtemps. En ce sens, ce régime travaille à restaurer le pouvoir personnel bien plutôt que la souveraineté populaire. La France ne l'a pas oublié : le régime plébiscitaire n'est que l'antichambre du régime césarien. *(Applaudissements.)* Et nos nationalistes plébiscitaires ne sont, vraisemblablement, que des césariens qui cachent leur jeu.

Au surplus, et plus clairement que leurs théories, leurs pratiques dévoilent l'état d'esprit commun aux nationalistes des diverses nuances. Nous les avons vus à l'œuvre. Nous savons qu'ils ne se sont pas contentés de faire l'apologie des coups d'Etat historiques; ils ont fait tout leur possible pour recommencer cette histoire sanglante. Rappelons-nous la prière au glaive entonnée par le père Didon et reprise en chœur par toute la presse très chrétienne. Rappelons-nous le *Gaulois* appelant de tous ses vœux « un grand soir rouge », la *Libre Parole* pressant les généraux de montrer enfin « un peu de virilité », l'*Action française* préconisant « l'intervention chirurgicale ». Dans les dîners de l'« Appel au soldat », M. Vaugeois s'expliquait ainsi : « Nous sommes tous d'accord ici, je l'espère, pour admettre la moralité, la légitimité de la méthode du fer. Nous n'avons point d'hypocrites objections puritaines, n'est-ce pas, à opposer au principe? Il nous paraît qu'on a le droit de sauver son pays malgré lui. Il nous paraît qu'il y eut dans l'histoire de bonnes violences, et qu'il vaut mieux qu'on ensanglante un malade que de le laisser pourrir. » Et Barrès, à son tour, commentant cette expression d'« appel au soldat », déclare : « Nous y trouvons une amphibologie qui nous satisfait. Nos adversaires crachent sur l'armée; au contraire, nous avons un certain plaisir à dire au soldat : « Venez donc, soldat, vous, la force matérielle, vous » l'épée du Brenn, venez de notre côté. » Ce « pst » plein d'élégance *(rires)* est révélateur. Il découvre cyniquement le sens des flatteries provocantes que nos adversaires prodiguaient à l'armée; il nous dévoile les réserves de violence que contient l'âme d'un plébiscitaire. C'est à un plébiscitaire encore que devait revenir l'honneur de mener au combat ces troupes impatientes : c'est le malheureux Déroulède qui essaiera d'entraîner vers l'Elysée un cheval militaire avec tout ce qui s'ensuit. *(Rires et applaudissements.)* L'entreprise tourna mal; sans doute parce que, si elles s'entendaient pour détruire le régime républicain, les diverses fractions du parti nationaliste se disputaient d'avance sur la façon de le remplacer. Mais ce commencement d'exécution aura eu du moins le mérite, à nos yeux, de mettre en pleine lumière leur commun « état d'âme ». Et ainsi nous reconnaissons aisément, dans la psychologie du nationaliste, à côté du caractère impulsif de l'antisémite, le caractère autoritaire du césarien.

Mais, pour restituer complètement sa physionomie, il faut ajouter un trait. Il y a d'autres traditions que les nationalistes ont conspiré pour remettre en honneur. Et ce sont, pour les appeler par leur nom, les vieilles traditions cléricales.

On ne peut être bon Français si l'on n'est pas bon catholique; telle est, en effet, la thèse plus ou moins explicitement acceptée par les docteurs du nationalisme. Les israélites ne sauraient être de bons Français, cela va de soi. Mais les protestants non plus. M. Talmeyr, jaloux des lauriers de Drumont, en a fait la découverte : ils constituent, eux aussi, une « race inassimilable ». Quant aux libres penseurs, on démontrera que ce sont « les ennemis de l'âme française ». Tous ces gens-là sont, en effet, dira M. Soury, « des esprits libres, » sans attaches, sans racines dans le passé national. Si la France les suit, elle sort de sa mission divine. « Qu'est-ce que la France moderne? demande le R. P. Gaffre dans ses *Paroles de Foi et de Patriotisme*. Une société qui a rejeté volontairement la solidarité de son passé; une société qui a rayé de sa constitution... les droits de Dieu, qu'avait défendus le dévoûment de treize siècles, pour ne laisser substituer que les droits de l'homme. » M. Brunetière déclare, de son côté, que « tout ce qui se fait contre le catholicisme se fait contre la France ». M. Bourget, s'adressant à Jean Monneron par la bouche de M. Ferrand, lui dira : « Vous êtes un Français, c'est-à-dire l'héritier d'une longue lignée d'hommes et de femmes qui, pendant des siècles, ont été des catholiques. Vous vous mouvez, vous respirez dans une société imprégnée de mœurs catholiques... Le catholicisme est en vous malgré vous; dans ce que les philosophes d'aujourd'hui appelleraient votre inconscient ». Ce serait donc, en vertu même de la doctrine nationaliste, une sorte de péché mortel que d'essayer de résister à l'influence catholique. M. Barrès reconnaît qu'elle est catholique, la culture « qui permit à mon arbre de me porter si haut, moi faible petite feuille », et, en conséquence, il se réjouit rétrospectivement de l'écrasement des protestants en Lorraine. M. Soury affirme enfin plus crânement : « Le cléricalisme est de l'essence même du nationalisme... Tout nationaliste doit être un fils de l'Eglise, de foi ou de tradition, bref un clérical. Je le suis, encore qu'incroyant. » *(Explosion de rires.)* Cette dernière parole aussi est singulièrement révélatrice. La plupart de ces néo-catholiques pourraient la reprendre à leur compte. C'est dire qu'ils sont, en effet, des âmes cléricales, non des âmes religieuses. Ce qu'ils prisent dans la religion catholique, ce n'est pas sa vérité, mais sa force de compression sociale. Si leur nationalisme les ramène au catholicisme, c'est moins sans doute parce qu'ils sont des sincères en quête de clarté que parce qu'ils sont des autoritaires en quête de pouvoir. *(Très bien.)*

Mais, direz-vous, n'existe-t-il pas des nationalistes qui, bien loin de jeter l'anathème, avec le *Syllabus*, aux principes libéraux, s'en réclament, au contraire, et s'y accrochent de toute leur énergie? S'il y a un nationalisme autoritaire, ne connaissons-nous pas aujourd'hui un nationalisme libéral? — Et il est vrai que sur ce point le nationalisme a subi des transformations surprenantes. Nombre de nationalistes aujourd'hui, qui naguère parlaient de tout « décerveler », n'ont plus à la bouche que tolérance, justice, égalité. On en a vu qui invoquaient, sur des affiches, « la belle déclaration des Droits de l'homme. » Que s'est-il donc passé? Nous avons le droit de chercher avec quoi coïncide, à quoi correspond cette conversion inattendue. Or, il est remarquable qu'elle se détermine au moment même où les milices de l'Eglise se sentent menacées. Les nationalistes ne s'étaient guère aperçus, jusque-là, des trésors de libéralisme cachés au fond de leur cœur. *(Applaudissements.)* Ils n'avaient guère songé à défendre la liberté du professeur exprimant publiquement quelque opinion « subversive »; la liberté de l'ouvrier mené aux urnes par le grand patron; la liberté du petit commerçant boycotté par la grande dame. Il a fallu, pour qu'ils puissent mesurer l'affection qu'ils portaient sans s'en douter à la cause des libertés individuelles, que la liberté de ceux-là fût directement menacée qui font précisément profession d'abdiquer toute liberté, à savoir : la liberté des congréganistes. *(Applaudissements.)* Quoi qu'on pense sur le fond de cette question particulière, on jugera la coïncidence étrange; et, si nous en croyions M. Soury, il y aurait là plus qu'une coïncidence. Quelques pages après avoir déclaré que l'idée de liberté n'est qu'une ânerie de l'école primaire », il avoue : « Ce vieux mot de liberté, de liberté civile, politique et religieuse n'est plus vague pour nous comme il l'a été si longtemps, depuis que nous avons vu les hommes de prière... *(rires)* livrés, sous la troisième république, aux pires attentats contre les biens et les personnes... » Il fallait donc que les moines fussent attaqués pour que le nationalisme s'aperçût que la liberté a du bon? Nous avons le droit, s'il en est ainsi, de nous défier de sa volte-face et de croire, jusqu'à nouvel ordre, que son libéralisme n'est ici que l'envers de son cléricalisme. En ce sens, pas plus que l'existence d'une variété plébiscitaire n'interdit de croire que l'espèce nationaliste est essentiellement césarienne, l'existence d'une variété libérale n'interdit pas de croire que le nationalisme est essentiellement clérical.

Au surplus, ici encore, les pratiques surtout sont révélatrices des affinités. Or, les méthodes de polémique préférées par le nationalisme rappellent de singulièrement près celles qui furent employées par le cléricalisme de tous les temps.

C'est d'abord l'exploitation des « autorités ». Vous vous souvenez de la façon dont fut menée, au début de l'Affaire, la discussion contre nos protestations. « Sept loyaux officiers, cinq ministres ont prononcé; comment pouvez-vous ne pas les croire sur parole? » Ainsi s'efforçait-on d'écraser, sous le prestige des hommes, la valeur des arguments. Mais le public inquiet ne veut plus croire sur parole. S'il lui faut des preuves, des textes, qu'à cela ne tienne! nous en fabriquerons pour calmer ses

scrupules. Vous le savez, il ne s'est pas seulement trouvé un homme pour agir ainsi; il s'est trouvé une presse pour louer son action. « La foule est une mineure, » disait M. Maurras. On a donc le droit, dans un intérêt supérieur, de lui faire croire ce qu'on veut. La hauteur de la fin justifie la bassesse des moyens. Ne reconnaissez-vous pas là, dans toute sa splendeur, le raisonnement clérical par excellence? C'est encore un procédé clérical, quand on est à bout d'arguments, que de salir systématiquement ses contradicteurs, et de calomnier à jet continu. Ce procédé, ai-je besoin de vous rappeler avec quel entrain en ont usé les nationalistes? N'ont-ils pas été chercher, pour nous la jeter à la face, l'injure la plus brûlante? Souvenez-vous de la sinistre clameur dont ils voulurent couvrir nos voix : « Vendus! Sans-patrie! Ils vendent la France à l'Allemagne. » Eh quoi! convaincus en notre âme et conscience qu'une affreuse injustice avait été commise, nous réclamions la lumière au nom du droit moderne, au nom de la tradition française, au nom de l'honneur bien entendu de notre pays. *(Applaudissements.)* Et c'est par ces infâmes accusations qu'on nous répondait! Dès ce jour, nous avons compris que nos adversaires feraient flèche de tout bois, et qu'ils empoisonneraient leurs flèches de tous les poisons.

Et je sais bien que, depuis, il y a des nationalistes qui ont prétendu rendre justice aux « dreyfusiens ». Ils ont bien voulu reconnaître que nous avions pu, sans être dûment payés, avoir la conscience troublée... Il n'importe; malgré ces réparations tardives, il semble que le nationalisme ait le mensonge dans le sang. Toutes les fois que son intérêt politique est en jeu, il se souvient qu'il est légitimé, dans un but supérieur, de faire croire à la foule ce dont on a besoin. Il avait besoin de faire croire que notre président, M. Trarieux, était protestant; il a continué à colporter l'affirmation, alors que la fausseté en était démontrée. Il a besoin de faire croire que le Ministre de la Guerre a déserté son poste, en 70, sur le champ de bataille. Dix témoins affirment le contraire? Peu nous importe, nous continuerons à utiliser ce grief infâme et commode. De même, nous continuerons à répéter, envers et contre le témoignage formel de M. de Freycinet à Rennes, que M. de Freycinet a vu passer à la frontière les 30 millions destinés à alimenter la caisse du Syndicat. Vienne une période électorale, de toutes ces insinuations savamment entretenues nous ferons une masse pour écraser l'adversaire; et c'est ainsi que nous ne craindrons pas d'affirmer, par nos affiches, que les républicains qui se présentent contre nous sont les « candidats de l'étranger »...

C'est donc en vain que M. Lasies se débattait l'autre jour à la Chambre contre l'étreinte puissante de Jaurès, et protestait que son parti n'est pas le « parti du mensonge et du faux ». Si quelque souffle magique avait pu soulever tous les papiers noircis de fausses nouvelles, de fausses preuves et de fausses accusations que le nationalisme a lancés sur le pays, s'ils avaient pu voler vers le Palais-Bourbon et s'abattre sur la tribune, l'honorable député du Gers aurait été enseveli vivant sous cette avalanche de contre-vérités. *(Vive sensation. Applaudissements répétés.)*

Jaurès avait raison d'ajouter : « Le pays a pu légitimement voir, dans cette politique, le produit d'une longue éducation jésuitique. » Rien n'éclaire mieux les dessous de la campagne nationaliste que la lecture des *Provinciales*. Les pratiques que nous avons relevées sont celles qu'on employait déjà au temps de Pascal; elles s'expliquent par les mêmes habitudes d'esprit; elles se justifient par les mêmes raisonnements. Il n'y a que des cléricaux, furieux contre les prétentions de la raison individuelle, sûrs de posséder seuls la vérité d'en haut, libres, par conséquent, d'employer sans scrupule les moyens les plus bas, pour montrer autant de tranquillité dans la perfidie.

Telles sont donc les habitudes, telles sont les traditions dont le nationalisme s'est servi, et que le nationalisme a servies. En définissant ses théories et en décrivant ses pratiques, nous avons mis à nu ses tendances essentielles. Nous l'avons forcé de sortir de l'ombre où il se complaisait, et nous nous sommes aperçus alors que le dragon avait trois têtes, et qu'elles nous étaient bien connues, et que nous ne faisions, en combattant le nationalisme, que continuer le combat depuis longtemps commencé pour l'honneur de la France contemporaine, contre les trois formes maîtresses de la contre-révolution : contre l'anti-sémitisme, contre le césarisme, contre le cléricalisme.

En même temps qu'elle définit avec netteté l'œuvre d'assainissement national à laquelle notre Ligue s'est jusqu'ici consacrée, cette analyse nous fait prévoir que la besogne ne lui manquera pas de sitôt. Le moment n'est pas venu encore où elle pourra dormir sur ses lauriers.

Certes, à des indices nombreux on peut constater que le nationalisme est en baisse. Les récentes élections municipales ont montré que Paris se ressaisit. Les élections législatives de dimanche prochain renverront sans doute Barrès à la culture solitaire de son moi. *(Applaudissements.)* Drumont et Cassagnac pleurent sur la « débandade » qui commence. La coalition se dénoue. Le « bonsoir, messieurs, » est proche. A la prochaine consultation générale du corps électoral, il est probable que l'étiquette nationaliste ira rejoindre, au milieu des laissés pour compte, l'étiquette boulangiste.

Mais, lors même que l'étiquette aura disparu, nous savons trop bien qu'elles ne s'évanouiront pas du coup, comme par enchantement, les forces instinctives et traditionnelles qu'elle avait groupées. Nous savons trop bien qu'elles continueront leur œuvre, soit qu'elles cheminent chacune de leur côté, soit qu'elles se rassemblent sous une bannière nouvelle. Nous savons trop bien que la contre-révolution ne fait que commencer et qu'il nous reste assez à faire si nous voulons incarner dans la réalité sociale, malgré la résistance désespérée des partis réactionnaires, l'idéal des Droits de l'homme. *(Très bien.)*

Mais il faut aller plus loin. Il faut constater dans la vie politique actuelle des symptômes plus graves, et qui nous promettent une besogne plus délicate. Il faut regarder nettement, non pas seulement du côté des partis réactionnaires, mais du côté des partis avancés; de ceux-là mêmes qui ont combattu le nationalisme avec le plus d'ardeur. On reconnaîtra alors, et non sans effroi, combien les plantes qu'il avait recueillies dans son champ sont vivaces, s'il est vrai qu'on les voit déjà, jusque dans le champ de ses adversaires, pousser des rejetons.

Et, en effet, ne se sont-ils pas parfois laissé aller, à leur tour, à user contre lui des méthodes violentes? Lemaître, dans ses conférences en province, n'a jamais été exposé aux mêmes guet-apens que Pressensé. Ses jours n'ont pas été en danger. Il n'en est pas moins arrivé que la salle où il donnait une réunion fut envahie et la réunion dissoute. Et je sais bien ce que pensait une partie du public. A Toulouse, par exemple, lorsque le Théâtre des Nouveautés, où les nationalistes devaient donner une conférence, eut été envahi, beaucoup de promeneurs disaient : « C'est bien fait. Pourquoi ont-ils assommé Pressensé au Pré-Catelan? Le parti qui a frappé par la matraque est frappé par la matraque? Ce n'est que justice. » Eh bien! non. Ce n'est là qu'une justice inférieure. C'est la loi du talion, qui ne suffit plus à nos consciences. Contre les bandes nationalistes qui nous assaillaient naguère sous l'œil paternel de la police, nous faisions bien, certes, de nous défendre par la force et de toutes nos forces; mais nul n'a bien fait, plus tard, de recommencer leur geste agressif, comme nul n'a bien fait d'imiter les injures et les provocations barbares de leur presse. Ch. Péguy a épinglé dans un de ses *Cahiers* le passage suivant, extrait d'un journal qui se réclame de la raison : « Le prêtre, par la honte de son état, par la hideur infamante de son costume, vit en dehors de la loi commune, de la solidarité. Contre lui, tout est permis, car la civilisation est en droit de légitime défense; elle ne lui doit ni ménagement ni pitié.

C'est le chien enragé que tout passant a le devoir d'abattre, de peur qu'il ne morde les hommes et n'infecte le troupeau... Discuter avec ça? Non; mais le museler, mais le mettre à mort; car la peine capitale, si odieuse qu'elle soit, n'est pas trop forte pour cet empoisonneur plus effrayant que Borgia, plus infâme que Castaing. Le respect de la vie humaine cesse envers ceux-là qui se sont mis volontairement hors de l'humanité. » Celui qui surexcite ainsi, au nom de la raison, les instincts de haine et de violence n'a plus rien à reprocher *(murmures d'assentiment)* à la brutalité nationaliste. Si « littéraire » que soit son style, nous le reconnaissons, c'est du style antisémite.

De même, ne s'est-il pas trouvé des républicains pour afficher, dans des discussions récentes, un mépris des forme qui les rapproche d'assez près, à leur corps défendant, de M. Vaugeois et de ses amis? On assure que l'autre jour, à la Chambre, une « voix républicaine » a déclaré: « Nous nous... moquons pas mal de la légalité. » Voilà une parole qu'un dreyfusard ne saurait laisser passer sans protestation. C'est contre une illégalité que nous nous sommes dressés d'abord. C'est l'autel de la loi que nous avons embrassé. C'est donc notre premier devoir de reconnaître aux autres les mêmes garanties que nous réclamions pour nous-mêmes. Contre les adversaires de la République, nous devons invoquer la loi, toute la loi, rien que la loi. *(Applaudissements prolongés.)* Les républicains qui se laisseraient entraîner à penser autrement deviendraient, à leur façon, des théoriciens de la raison d'Etat et des coups d'Etat : ils feraient du césarisme sans le savoir.

De même encore, ne glissent-ils pas sur une pente dangereuse, ceux qui font appel à la main-forte de l'Etat contre des doctrines qu'ils jugent irrationnelles, et semblent le charger d'empêcher, non seulement toute intervention de l'Eglise dans la société, mais toute introduction de la religion dans les âmes? Ce n'est pas sans inquiétude que nous entendons certains jeunes laïques railler à ce propos le libéralisme comme une coquetterie surannée. Clémenceau avait raison de nous en avertir l'autre jour au Sénat : un duel de la République avec la liberté pourrait être fatal à la République. Elle n'en sortirait, du moins, que meurtrie et comme diminuée à ses propres yeux. Il y a des missions qu'un Etat républicain ne saurait logiquement assumer. Prenons garde de le transformer à son tour en Eglise, et d'instaurer ainsi un cléricalisme à rebours...

On s'en rend donc compte; sur plus d'un point nous voyons affleurer, chez les adversaires du nationalisme, des instincts, des habitudes, des traditions qui rappellent de singulièrement près les traditions, les habitudes, les instincts que le nationalisme recouvrait. Et, sans doute, dans les partis républicains, de tels symptômes sont rares. Les traces de brutalité, d'autoritarisme ou d'intolérance que nous avons relevées témoignent d'entraînements individuels, non d'un état d'esprit général. Mais combien il importe, en effet, pour l'honneur de la République, que de pareils états d'esprit ne se généralisent pas, c'est ce que nous voyons avec clarté, et c'est ce que nous devons proclamer avec énergie.

Restons donc, plus tenaces que jamais, à notre poste de combat. Nous avons là encore un beau rôle à remplir. Continuons, en surveillant la bataille, de dominer les partis républicains, prêts à seconder de tout notre effort ceux qui suivent les principes dont nous sommes les porte-drapeaux; prêts aussi à rappeler à l'ordre ceux qui s'en laissent détourner. Les partis, quels qu'ils soient, ne sont que trop portés à penser, dans l'échauffement de la lutte, que la fin justifie les moyens, et qu'il faut frapper l'adversaire par ses propres armes, fussent-elles souillées et empoisonnées. La raison d'être de notre Ligue c'est d'opposer la rigidité des principes à cet entraînement des passions. Tandis que la devise des Ligues nationalistes est : « Abandonnez-vous à vos instincts; » la nôtre est : « Défiez-vous de vos instincts; do-

minez-les par la réflexion; élevez-vous à la raison. » C'est
en gardant cette tenue dans toutes les occurrences, c'est
en restant antinationalistes jusqu'au bout, envers et contre tous, que nous accomplirons l'œuvre la plus difficile,
mais aussi la plus utile, — œuvre profondément patriotique en même temps que fidèlement républicaine. (*Triple
salve d'applaudissements.*)

⁓⌣⌣⌣⌣⌣⁓

Bordeaux. — Impr. G. GOUNOUILHOU. rue Guiraude. 11

www.ingramcontent.com/pod-product-compliance
Ingram Content Group UK Ltd.
Pitfield, Milton Keynes, MK11 3LW, UK
UKHW021045120726
13693UKWH00006B/2428